Jhon Edwin Arenas

MI MUNDO POESIA

Jhon Edwin Arenas

MI MUNDO POESIA

JustFiction Edition

Cover image: www.ingimage.com

Publisher:
JustFiction! Edition
is a trademark of
Dodo Books Indian Ocean Ltd. and OmniScriptum S.R.L publishing group

120 High Road, East Finchley, London, N2 9ED, United Kingdom
Str. Armeneasca 28/1, office 1, Chisinau MD-2012, Republic of Moldova, Europe
Printed at: see last page
ISBN: 978-620-6-74220-3

MI MUNDO
POESIA
J.E.A POETA

MI MUNDO POESIA

ESCRITO CON AMOR

Tal vez, mis versos no pueden expresar, lo que mi corazón siente. ¿puedes enamorarte, de alguien que no conoces? "Amor, es una palabra muy débil, para describir lo que se siente."

PRÓLOGO

¡El amor incondicional!

Es el sentimiento y la acción de querer, el bienestar de la otra persona, por sobre todas las cosas y sin importar nada. "es la decisión de amar" no importando las consecuencias, ni las decepciones, porque se ama la esencia de la persona, no importando si se equivoca o no.

¡El amor incondicional!

Es el sentimiento más puro y noble que existe. es amar, sin esperar nada a cambio. es querer con cada uno de nuestros sentidos, con nuestra fibra y con cada partícula de nuestro ser. recuerda "la mejor cosa en el mundo, es encontrar a alguien que conozca, todos tus errores y debilidades." y, aun así, piense que eres ¡completamente increíble!

¡El amor incondicional!

No tiene nada que ver, con lo que esperas recibir, sino con lo que esperas dar. es querer verte crecer y estar presente, cuando no sepas como hacerlo. es forzarte hacer mejor cada dia, aunque tal vez, te cueste o no te guste. "es estar, cuando nadie más esta o aun cuando no quieres que este." Amar incondicionalmente, es todo lo que siento por ti

JHON EDWIN ARENAS.

INDICE

- SIEMPRE BELLA 9
- NO FUE CASUALIDAD
- TAL VEZ
- HAY AMORES…
- ¡ME ENAMORE! 15
- ¡SUEÑO DE AMOR!
- ¿QUE CULPA TIENE EL CORAZON?
- ¡ME PIERDO EN TU SILUETA! 20
- ME DUELES
- BATALLAS PERDIDAS
- ¡MI MEJOR REGALO! 26
- QUISIERA
- ¡PERDONEME, SEÑORITA!
- ¿COMO COMPRENDER? 30
- PERDONAME POR QUERERTE
- ¡DECLARACION!
- ¡TE EXTRAÑO!
- ¡VUELA LIBRE! 36
- ¡LO SIENTO!
- MI DESPERTAR
- ¡ME GUSTARIA! 41
- MI QUERIDA JULIETA
- TE ESPERE
- AUNQUE PASA EL TIEMPO 47
- ESPERANZA 49
- LO QUE NADIE HA LLEGADO A VER
- ¡AMOR VERDADERO!
- ¿QUE SI ME GUSTAS? 54
- ¿COMO NO DECIRTE?
- ¿DONDE ESTA EL AMOR? 60
- HE FALLADO EN EL INTENTO
- TAN LEJOS DE TI 64
- NUNCA SABRAS
- SIEMPRE EN MIS SUEÑOS 70
- ¡ESPERO QUE EL!
- AUNQUE ESTES CON EL 74
- ¿COMO OLVIDARTE?
- CUAN DIFICIL 78
- ¿COMO DECIRTE?
- ESTES DONDE ESTES
- ¡ME OLVIDARAS! 83
- SI SUPIERAS
- CONOCER TODO DE TI
- TAN SOLO 86
- LO COMPLICADO DEL AMOR
- QUISIERA BESARTE
- TODO LO QUIERO CONTIGO 89

SIEMPRE BELLA

Con estrías, con granitos o manchitas, ¡Siempre Bella, eres tú mujer!
Con lunares, celulitis o pequitas, ¡Siempre Bella, eres tú mujer!
Peli negra, algo rubia, Peli roja, o tal vez mona,
¡Siempre Bella, eres tú mujer!
Si eres blanca o morena, ¡Siempre Bella, eres tú también!
Si eres alta o eres baja, si eres grande o delgada,
¡Siempre Bella, eres tú mujer!
Si eres joven o muy madura, ¡Siempre Bella, eres tú también!
Esto no tiene por qué cambiar, ¡Tú eres Hermosa! y lo sabe Dios.
Mira al espejo y ya lo veras, que la belleza es el reflejo de tu interior.
La belleza es perfecta, cuando es natural y no como nos muestran en la
televisión. debes darte siempre el valor que mereces,
y no olvidar nunca lo Bella que eres.

NO FUE CASUALIDAD

No fue casualidad esto que nos pasó, aunque no lo esperábamos,

No fue causalidad el amor nos llegó y ni cuenta nos dimos.

No fue casualidad pues a ti te encontré donde menos pensaba,

No fue casualidad que con una mirada nuestras vidas cambiaran.

No fue casualidad el destino escribió que así pasaría,

Que con una mirada y con una sonrisa yo te amaría.

No fue casualidad coincidir y encontrarnos en el mismo camino,

Mira si así lo quiso el amor, tal vez quiere que estemos unidos.

No fue casualidad como sin buscarte te encontré,

No fue casualidad con solo verte yo te ame.

No fue casualidad así debía pasar,

No fue antes ni después,

Así tendría que suceder.

TAL VEZ

Tal vez la vida no me permitió conocerte,

Tal vez a ti llegue demasiado tarde.

Tal vez nos faltó solo un poco de tiempo,

Tal vez solo falto la decisión de querernos.

Tal vez la realidad es que tan solo te fuiste,

Tal vez la verdad en tu vida no me quisiste.

Tal vez este es un amor del que duele,

De aquellos que, aunque a diario coseches nunca florecen.

Tal vez la vida me jugo una mala pasada,

Tu llegaste a mi vida, cuando menos te esperaba.

Tal vez debo aceptar que así lo quiso el destino,

Y como algunos dirían no estaba escrito.

Tal vez si eras tú, tal vez si era yo,

Pero el momento no fue el correcto o indicado.

Tal vez cupido se equivocó,

No te flechó y solo a mí me dio.

Tal vez solo he de amarte en la distancia,

Porque nuestros pasos no encontraron el camino.

Tal vez yo era para ti, pero tú no eras para mí.

Tal vez así tenía que ser y tú estás mejor sin mí.

Tal vez deba dejar de aferrarme a lo imposible,

Aceptando que contigo simplemente no es posible.

Tal vez sea hora de soltar y seguir adelante,

Buscando un amor que me corresponda en cada instante.

Tal vez me duela y me cueste olvidarte,

Pero sé que es lo mejor para poder levantarme.

Tal vez solo estarás en mis poemas,

Y con cada verso que te escriba,

Tal vez algún dia leerás este poeta.

HAY AMORES...

Hay amores tan extraños cuán difícil mencionarlos,

Hay amores que te roban hasta el último suspiro.

Hay amores de pasión otros son del corazón,

Hay amores de momentos, algunos son del alma y muy sinceros.

Hay amores que te quieren solo cuando estas presente,

Hay amores que algo ofrecen solo porque tú te entregues.

Hay amores que se entregan sin esperar nada de ti,

Hay amores algo raros cuando difícil olvidarlos.

Hay amor que te enseñan, algunos en tu vida dejan huella.

Hay amores de historietas otros como de novela.

Hay amores duraderos, algunos son fugaces como el viento,

Hay amores que te aceptan, aunque otros te rechazan.

Hay amores que se quieren a pesar del tiempo y la distancia,

Hay amores que nacieron para no ser correspondidos.

Hay amores en secreto tal vez otros clandestinos,

Hay amores que se sienten, aunque vivan en los sueños,

Hay amores tan distintos y algunos que aman como yo.

Hay amores....

¡ME ENAMORE!

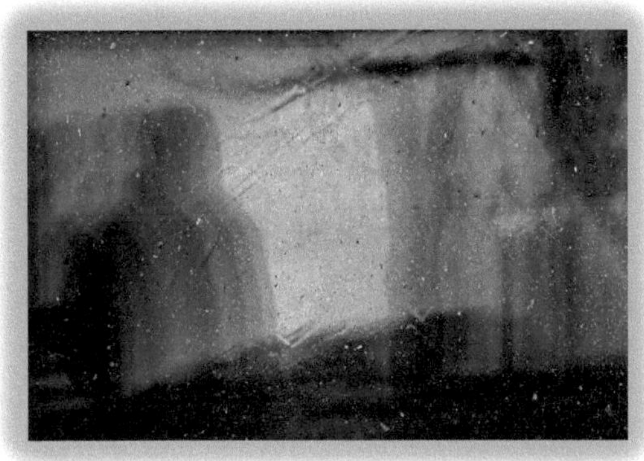

¡Me enamore! No sé, cómo o por qué, no lo logro comprender.

¡Me enamore! Sin un detalle de tu parte, sin un abrazo o una caricia,

Sin conocer tu corazón.

¡Me enamore! Sin lograr besar tus labios, sin poder tocar tu mano,

Sin conocer todo de ti.

¡Me enamore! Cuando escuche tu manera de reír, cuando escuche el

Sonido de tu voz, cuando por primera vez te vi.

¡Me enamoré! Cuando fijamente te miré, cuando descubrí la belleza de

tu ser, cuando tu mirada me atrapo y el brillo de tus ojos me enamoro.

¡Me enamore! Sin planearlo y sin querer,

Aunque te encuentras tan ausente.

Mis pensamientos te dibujan, pero sé que nunca estarás presente.

¡SUEÑO DE AMOR!

Se que no soy el mejor hombre que ha pasado por tu vida,

Sé que no soy el hombre más guapo o apuesto,

que ha intentado conquistarte.

Se que tienes pretendientes, muchos de ellos sorprendentes,

Y después de todos ellos un poeta que te quiere.

Se que no puedo ser un charlatán, mucho menos un don juan.

Sé que tal vez mi única riqueza son mis versos y poemas,

Sé que tal vez no merezco ganarme tu atención y tu cariño

Aun con tantas declaraciones y letras que te escribo.

Sé que tienes tantos pretendientes que quieren robar tu corazón,

Tal vez hombres tan perfectos sin errores como yo.

Sé que solo puedo ofrecerte este amor y este cariño,

Y entre hombres tan apuestos, un corazón que quiere estar contigo.

Cuanto sueño por que algún día pueda ser correspondido,

Este amor esta pasión, que por ti hoy es mi delirio.

Aunque sé que no soy el mejor de todos,

Déjame intentar conquistar tu corazón.

Déjame demostrar este amor incondicional,

Déjame hacerte ver lo que es un te quiero de verdad.

¿QUE CULPA TIENE EL CORAZÓN?

¿Qué culpa tiene el corazón? Cuando sin planearlo te conoció,

Cuando sin imaginarlo por primera vez te vio.

¿Qué culpa tiene el corazón? Cuando sin quererlo se emocionó,

Con tan solo escuchar tu risa y el sonido de tu voz.

¿Qué culpa tiene el corazón? De que tú no sepas lo que siento,

De quererte de pensarte, a pesar de tu silencio.

¿Qué culpa tiene el corazón? De querer buscarte, de querer estar en tu vida, aunque a ti he llegado tarde.

¿Qué culpa tiene el corazón? Si en mi vida te cruzaste,

Apareciste cuando menos te esperaba y ahora no dejo de pensarte.

¿Qué culpa tiene el corazón? De que tu seas a quien quiero, que anhele tanto verte, aunque solo observe tu reflejo.

¿Qué culpa tiene el corazón? De que habites en mis sueños,

Que anhele tanto escuchar tu risa y que para ti sean estos versos.

¿Qué culpa tiene el corazón? De que tú no hubieras llegado antes.

¿Qué culpa tienes tu? De que quiera pretenderte,

De que quiera conquistarte.

¿Qué culpa tienes tu? o ¿Qué culpa tengo yo?

¿Qué culpa tiene el corazón?

"Si son las cosas del amor"

¡ME PIERDO EN TU SILUETA!

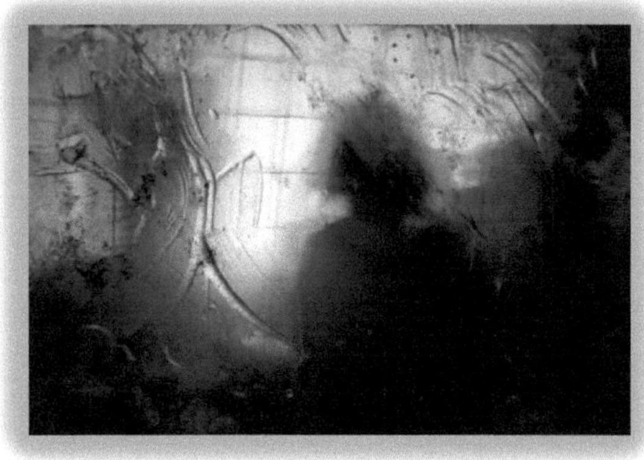

¿Cómo no perderme en tu mirada?

Sí cuando veo tus ojos ¡me enamoro!

¿Cómo no perderme en tu sonrisa?

Sí cuando miro tus labios ¡me fascinan!

¿Cómo no perderme en tu locura?

Si cada vez que te veo ¡pierdo mi cordura!

¿Cómo no perderme en lo que siento?

Sí créeme niña cuando te digo ¡que te quiero!

¿Cómo no perderme en mis sueños?

Sí es en ellos "donde puedo conquistarte"

¡Sin fracasar en el intento!

Es que “si supieras lo que siento”

¡Sí tan solo comprendieras!

Que no puedo “mirarte fijamente”

¡Sin imaginar robarte un beso!

ME DUELES

¡Cómo duele tú amor!

Cómo duele lo que hay en mi corazón

¡Cómo duele tu ausencia!

Cómo duele que conmigo tu no estés

¡Cómo duele querer verte!

Pero más duele no poder hablar contigo

¡Cómo duele escuchar tu voz!

Y saber que no tienes palabras para mí

¡Cómo duele ver tus labios! ¡Cómo duele querer besarte!

¡Cómo duele extrañarte a diario! ¡Cómo me duele quererte tanto!

¡Cómo duele escribirte un verso! ¡Cómo duele escribirte un poema!

¡Cómo duele saber! que por más que escriba,

"Puede que tú nunca los leas"

¡Cómo duele! porque en silencio "mi corazón palpita"

Con tan solo escuchar tu risa.

¡Cómo duele! Intentar sacarte de mi cabeza,
Ya que no logro sacarte de mi corazón.
¡Cómo duele! lo que siento yo, porqué tu no sientes mi amor.
¡Cómo duele tu ausencia!
Cuando todo el tiempo quiero hablar contigo.
¡Cómo duele soñarte! porque tu habitas,
En cada uno de mis pensamientos.
¡Cómo duele imaginarte!
Porque anhelo, abrazarte como a nadie.
¡Cómo duele! no tenerte a mi lado,
Porque tú eres, la inspiración de tantos versos.
¡Cómo duele contemplarte!
Como duele mirar tu fotografía, en mis noches y en mi silencio.
¡Cómo duele verte!
Saber que estas cerca, pero a la vez "Tan lejos de mí"
Y duele "cuanto dueles, en mi corazón"
Pero, aunque más duela, ¡más te quiero niña bella!
"Aunque nunca imagines"
¡Cómo me dueles!

BATALLAS PERDIDAS

En la batalla por tu amor, he salido perdedor.

La batalla que empezó, por conquistar tu corazón.

Hoy acepto que perdí, reconozco que falle.

Aunque he dado lo mejor, tu cariño no logre.

Tal vez, “mis armas fueron pocas” un poema y una rosa,

Un corazón que fue sincero y un te quiero verdadero.

La pasión de este poeta, que de ti se ha enamorado.

Aunque no debería expresarlo, tal vez debería callarlo.

Pero como todo buen soldado, debo aceptar que esta batalla,

Esta batalla no he ganado.

He querido la victoria, por ganar tus sentimientos.

Ya que el premio anhelado, disfrutar tus lindos besos.

He luchado por conocerte, cada dia conquistarte.

Por sorprenderte como a nadie, aunque nada he logrado.

Aunque en el camino te encontré, tu cariño no logre.
Aún que tanto yo luche, tu amor tampoco gane.
Estas son las batallas perdidas,
Que nacen en el corazón, mi niña linda.
Y aunque hoy, tu cariño me toco perder.
¡Debes saber!
Que no ha pasado un día, en que no te deje,
¡De pensar y de querer!

¡MI MEJOR REGALO!

Te regalo un poema te regalo una flor,

Te regalo en un verso mi corazón.

Te regalo un te quiero y lo que siento yo,

Te regalo en un beso todo mi amor.

Te regalo mis sueños y la pasión,

Te regalo lo bello que por ti nació.

Te regalo un abrazo y lo mejor,

Que hay en mi vida y en mi interior.

Te regalo la melodía e inspiración,

Te regalo la letra de esta canción.

Te regalo mi sonrisa.

Con la que espero alegrar todos tus días.

Te regalo mis labios sedientos por besarte,

Hasta poder endulzar cada parte de tu piel.

Te regalo sin medidas mis manos y caricias,

Con las que anhelo recorrer tu cuerpo cada dia.

Te regalo esta poesía, que es fiel testigo de lo que siento por ti.

De las noches y mañanas, en las que mi corazón te extraña.

De lo mucho que me gustas, de lo mucho que te quiero.

¡Este es mi mejor regalo! para ti con mucho amor,

Ya no tengo más que darte esto es todo lo que soy.

No es un simple verso, es toda mi inspiración,

¡Te regalo mis poemas! te regalo mi ilusión.

Tú decides si lo aceptas, que yo espero por tu amor.

QUISIERA

Quisiera ser un ángel y a si mismo cuidarte,

Quisiera ser una estrella para en tu camino alumbrarte.

Y a sí mismo un poema para siempre conquistarte,

Siendo más que un romeo y con mis palabras enamorarte.

Quisiera ser ese sueño que te desvela en las noches,

Quisiera ser ese fuego esa llama insaciable.

Quisiera ser ese amor al que anhelas con pasión,

Quisiera ser más que eso

¡Tu poema de amor!

¡PERDÓNEME, SEÑORITA!

¡Perdóneme, señorita! pero me matan las ganas,
Para decirte doncella, lo mucho que tú me encantas.

¡Perdóneme, señorita! lo que he venido a decir,
Que yo quisiera besarla, cuanto quisiera abrazarla.
Y despertar en su cama, no se lo voy a mentir.

¡Perdóneme, señorita! pero no es solo un capricho,
Pues cada día que pasa, cuanto quisiera aceptaras.
Que permitieras esto pasara y que no fuera solo un sentir
¡Perdóneme, señorita!

¿COMO COMPRENDER?

¡Debo comprender!
Que libre como el viento eres tú mujer,
Que vuelas hoy tan alto alejándote de mí.
Que por más que quiera conquistarte,
Tú nunca estas aquí.

¡Debo aceptar!
Que tú no me quieres como yo te quiero a ti,
Que tampoco sientes lo que yo siento por ti,
Que por más que quiera estar contigo tú me apartas de ti.
¿Cómo llamar tu atención? ¿Cómo conquistar tu corazón?
¿Cómo conocer todo tu interior? si te alejas cada día,
Y en esta bella melodía solo quedo yo.

¡PERDÓNAME POR QUERERTE!

¡Perdóname! por pensar en ti antes de dormir,
¡Perdóname! por tener mil ganas de verte.
¡Perdóname! por anhelar estar a tu lado,
¡Perdóname! por pensar en ti una y otra vez.
¡Perdóname! por extrañarte y sufrir cuando estas ausente,
¡Perdóname! por quererte robar un abrazo y una caricia.
¡Perdóname! por mirar tus labios y sentir un anhelo enorme,
¡De querer besarles!
¡Perdóname! por intentarte sorprender, conquistar o por querer
llamar tu atención.
¡Perdóname! por quererte robar una sonrisa, una mirada,
tal vez ¡un te quiero!
¡Perdóname! por quererte con locura y pasión.
¡Perdóname! por quererte conocer,
Como nadie jamás lo ha hecho.

¡Perdóname! por los largos mensajes, las flores, los versos y poemas.
¡Perdóname! por tener mil fantasías contigo,
Y aunque tu no las sepas ¡Perdóname!
Por imaginar, que te hago el amor en mis sueños.
¡Perdóname! por quererte abrir mi corazón y que entres en él,
Así mismo que conozcas todo lo que soy.
¡Perdóname! porque, aunque tu no me quieras o no sientas lo mismo
que yo, siempre he querido estar presente.
¡Perdóname! por intentar hacer que te fijes en mí y que tal vez,
Intentes quererme.
¡Perdóname! por desearte tantas veces, por no decirte siempre.
¡Perdóname! por anhelar leer un mensaje tuyo,
Sentir tu fragancia o escuchar tu voz.
¡Perdóname! por imaginarme contigo, tal vez comiendo un helado,
O tomando un buen café.
¡Perdóname! por querer tomarte la mano o por querer darte un abrazo.
¡Perdóname! por tantas veces desnudar tu cuerpo y tu alma,
¡Perdóname! por mirarte cuando no lo ves.
¡Perdóname! por querer estar en tu vida,
¡Perdóname! porque, aunque tu nunca me aceptes,
¡Debo confesarte! que me he ¡enamorado de ti!

¡DECLARACIÓN!

Entre versos y poemas, he venido a confesarte.
Niña linda, niña bella, He venido a declararme.
Esperando que me entiendas, no quisiera incomodarte,
¡Eres todo lo que anhelo! sea de día o sea de noche.
Me gustaría que supieras, que me muero por besarte,
Así mismo que anhelaras, como yo poder tocarte.
¡Entre versos y poemas! yo te expreso lo que siento,
Dime tu niña querida, si tu aceptas estos versos.
Y así mismo este poeta, que te escribe diariamente.
El que sueña con besarte, en los días y las noches.
Aquel que locamente te propone,
Vivir contigo un romance.

¡TE EXTRAÑO!

Extraño ver tu rostro antes de partir,
Extraño observar esa mirada tierna, aunque sé que no es para mí.
Extraño escuchar tu risa o el tono de tu voz,
Aunque sé que no tienes palabras para mí.
"Tan solo un hola"
Simple y tan distante, frío y tan helado,
Como cuando te alejaste de mí.
Extraño mirar tus fotografías eso no puedo negarlo
Como tampoco puedo evitar el hecho de extrañarte a diario.
Extraño sentir tu fragancia y mirar tu reflejo,
Aun cuando te encuentres distante o un poco lejos.
¿Cómo no extrañarte?
Si cada día crecen mis ganas de saber de ti,
De verte sonreír y de escucharte,
De volver a probar tus labios y de querer sentir tu piel.

Es extraño, pero me encanta,

Mirarte y contemplar tu belleza.

Aunque solo deba, observarte en silencio.

Cómo negar cuánto te extraño,

Cómo negar que pienso en ti,

Al amanecer y cada día al anochecer.

¡Te extraño! aunque no lo sepas o no lo sientas,

"Aunque no te importe, o tal vez no valga la pena."

¡Te extraño cuanto te extraño!

¡VUELA LIBRE!

¡Vuela libre vida mía! Vuela, tan alto como puedas corazón.

Vuela porque hoy he aceptado, que mi amor nunca te ha interesado.

Vuela y sigue tu camino, sé que por más que intente,

Mis alas nunca fueron suficientes, para despegar a tu lado.

Desde aquí mirare al cielo y pediré a Dios que guie tu camino.

Que tu vuelo nunca se detenga, por la lluvia o la tempestad.

Si no que tus alas te lleven, a donde tu corazón quiere estar.

Vuela sin mirar atrás, si tus alas se cortan yo te daré las mías,

Para que tu vuelo puedas continuar.

Seguiré pensando en la tristeza, por no haberte alcanzado.

Seguiré pensando en ese nido, que tanto soñé construir a tu lado.

Vuela pronto vida mía, Vuela que mis alas, ya no pueden continuar.

Por más que acelero el vuelo, a tu corazón no he podido llegar.

¡LO SIENTO!

¡Lo siento!

Por intentarte conquistar, por quererte enamorar.

¡Lo siento!

Por mirarte cada día, con mis ojos llenos de amor.

¡Lo siento!

Por hacerte mi melodía, tu mi poesía, mi dulce inspiración.

¡Lo siento!

Por cada día anhelar, sorprender tu corazón.

¡Lo siento!

Porque cada dia suelo imaginar, ese beso que no fue,

Ese abrazo que anhele.

¡Lo siento!

Por la caricia que soñé, haciéndote el amor una y otra vez.

¡Lo siento!

Porque cada dia suelo pensar en ese sí, que tanto espere.

Aquel te quiero que anhele.

¡Lo siento!

Por la decisión que no llego,

Aunque arriesgue todo, por ganar tu corazón.

¡Lo siento!

Porque de ti me he enamorado, sin planearlo y sin querer.

¡Lo siento!

Eres tan difícil de evitar, eres tan difícil de olvidar.

Por quererte de verdad

Lo siento....

MI DESPERTAR

Hoy me desperté pensando, en cómo sería tocar tu mano.

Me desperté anhelando, poder besar tus lindos labios.

¿Y porque no darte un abrazo?

"Porque no tomar chocolate, en las mañanas a tu lado"

¿Porque no decirte lo que siento?

Que eres tú la inspiración de tantos versos.

Hoy me desperté queriendo, ser el dueño de tus pensamientos.

Me desperté anhelando, Escucharte decir te extraño.

¿Y porque no decir te quiero? ¿ir juntos por un helado?

¿Qué tal un dulce beso?

Como aquellos que tanto he imaginado.

Hoy desperté recordando el olor de tu perfume,

El color de tus ojos y la magia de tus labios.

Me desperté pensando en ti, justamente como lo hago a diario.

Con mil ganas de abrazarte y tomar tu mano,

Con el deseo de sentir tu amor,

Cómo tanto lo he soñado.

¡ME GUSTARÍA!

¡Me gustaría!

Poder mentirle a mi corazón, que no supieras lo que ahora siento yo.

Cuando te miro pierdo la razón, por tu belleza que me enamoro.

¡Me gustaría!

No cultivarte en mis silencios y pensamientos,

Cuando me inspiro por escribir un nuevo verso,

Que, aunque no leas Es para ti.

¡Me gustaría!

Verte en las mañanas y poderte decir ¡Hola! ¿cómo estás?

"Tan simple y sin temblar, sin tampoco imaginar"

Como cautivar tu corazón.

¡Me gustaría!

Sentir tu aroma y tu fragancia,

Sin desear recorrer cada parte de tu piel.

¡Me gustaría!

Mirar tu rostro sin recordar ¡cuánto te extraño.

¡Me gustaría!

Mirar tus dulces labios sin imaginar poder besarlos.

¡Me gustaría!

Poder mirar tus lindos ojos,

Sin querer descubrir tu historia, sin anhelar conocer todo de ti.

¡Me gustaría!

Poder comprender lo que me está pasando con tanto amor.

Que, aunque está en silencio y escondido,

"Debes saber que tiene escrito"

Tu nombre y tu apellido.

¡Me gustaría!

Pero, aunque no deba debo aceptar, que eres lo que quiero.

¡Me gustaría!

No haberte dicho lo que siento.

¡Cuánto me gustas!

¡Cuánto te pienso!

¡Cuánto te quiero!

MI QUERIDA JULIETA

Mi querida julieta ¿dónde estarás? quc ya tu romeo té suele buscar,

Mi querida julieta ¿qué pasará? cuando el destino nos unirá.

Mi querida julieta ¿dónde te encuentras?

¿Dime si he llegado tarde? o si ya encontraste a la persona correcta.

¡Te busco y te busco! sin poderte encontrar,

Y yo sigo esperando poderte atrapar.

Mi querida julieta, ¡soy tu romeo!

Y es que, en las noches té sueño y te veo.

Eres mi anhelo y toda mi pasión, poema del cielo tú eres mi amor.

¡Tú eres julieta! yo un simple romeo,

Que necesita tu amor, quien espera el momento,

De poder conocer tu corazón.

TE ESPERÉ

He esperado en este día tu llamada

He esperado a que me digas que me quieres,

He esperado a que me digas que me extrañas.

“Te he esperado con las ansias” “Te he esperado con las ganas”

He esperado porque anhelo tanto escuchar tu dulce voz,

He esperado tanto tiempo por besar tus labios.

He esperado ese abrazo, he esperado ese beso,

He esperado aquel te quiero, aquel te quiero mi amor.

He esperado tanto tiempo por regalarte una sonrisa,

Como aquellas que te alegran e iluminan la vida.

He esperado en este día ver tu rostro y lograr ver “el brillo de tus ojos”

Te he esperado con paciencia, aunque no sepas lo que siento.

Tú eres mi mejor poema, tu inspiras estos versos.

He esperado pacientemente

Para decirte las palabras más bellas,

Aquellas que no he dicho y que salen de mi corazón.

¡Mi poesía eres tú! y solo tú eres el sentir de este poeta.

El mejor poema que dibujo, es la belleza de tu ser.

Sí supieras que pacientemente,

Mis brazos te esperan con toda mi ilusión.

Sí supieras que, en mis pensamientos

Puedo besarte, más de un millón de veces.

Ya ni siquiera sé, si estoy despierto o dormido,

Te he esperado pacientemente, porque cada dia,

En mi corazón estas presente.

Te he esperado noche y día,

Te he esperado con mis brazos abiertos,

Anhelando sentir tus caricias.

Te he esperado sin importar a donde vaya,

Sin importar en donde estés.

Te espere pacientemente

Ya que tu imagen siempre está en mi mente,

Porque te quiero con todo lo que soy.

No imaginas cuanto duele no tenerte

Quisiera ser el dueño de tus noches, de tus caricias y tus besos.

Quisiera ser el dueño de tu amor.

Con mis poemas, he esperado pacientemente tu corazón.

Y no me alcanza con soñarte, quisiera estar contigo.

Que difícil esperarte, cuando debo comprender,

Que no logre entrar a tu corazón.

AUNQUE PASA EL TIEMPO

Aunque pasa el tiempo debo confesarte,

Que por más que intento no puedo olvidarte.

Aunque te marchaste y sé que me olvidaste,

Sin embargo, aun sueño con poder besarte.

Aunque pasa el tiempo todavía te quiero,

Aún conservo la esperanza de saborear tus besos.

Aunque me olvidaste todavía te pienso,

Tú eres quien habita cada uno de mis sueños.

¡Es que me gusta tanto mirarte! ¡es que me gusta tanto pensarte!

Cuanto quisiera abrazarte, cuanto quisiera besarte.

Aunque pasa el tiempo y no sepas lo que siento

No imaginas cuanto recuerdo,

Aquel mes de abril cuando te conocí.

Aquella noche de invierno, cuando imagine robarte un beso.

Aunque pasa el tiempo todavía te extraño,

Sé que eres tan inalcanzable, pero ¿dime como hago?

¿Cómo olvidar tu mirada? ¿cómo olvidar tu sonrisa?

¿Cómo olvidar que anhelo verte pasar dia tras dia?

¡Es que me gusta tanto mirarte! ¡es que me gusta tanto pensarte!

Cuanto quisiera abrazarte, cuanto quisiera besarte.

ESPERANZA

Esperanza no me des, falsas ilusiones ya no más.

Esperanza debo aceptar que ella nunca me amara.

Esperanza ¿dime que hago yo?

Si me acuerdo hasta del tono de su voz.

Esperanza por favor, ayúdame a olvidar todo este amor.

Esperanza ya no más, debo aceptar mi realidad.

Aunque he dado lo mejor, no logre entrar a su corazón.

Esperanza tendré que continuar día a dia viéndola pasar,

Con aquel gran anhelo de quererla amar.

Esperanza te pido por favor calma este deseo, calma esta ansiedad,

De querer hablarle o de querer conocer de su vida un poco más.

"Ya que debo resignarme"

Por conocerla en la distancia y quererla en mis silencios.

Esperanza ya no más, debemos aceptar que ella nunca llegara.

¡Ya no esperes corazón!

Pues ella nunca ha querido,

¡Tu cariño y tu amor!

LO QUE NADIE HA LLEGADO A VER

Yo quisiera conocer lo que nadie llego a ver,

De tu interior y sentimientos.

Cuanto quisiera descubrir la magia que hay en ti,

Y no solo recorrer tu cuerpo.

Yo quisiera conocer los defectos que hay en ti,

Y todo lo que no es tan perfecto.

Cuanto quisiera hacerte ver, mis intenciones para ti mujer,

Y que supieras que te adueñas de mis pensamientos.

Yo quisiera recorrer cada parte de tu piel,

Entre el sueño y el querer cuanto yo anhelo.

Conocerte un poco más, conocerte mucho más,

Como nadie jamás lo ha hecho.

¡AMOR VERDADERO!

Suelo preguntarme, ¿En qué consiste el amor verdadero?

Esta es la duda, que inquieta mi corazón.

¿Como puedes querer? de una manera sincera,

¿Como logras amar? a quien tu corazón no conoció.

Que fácil querer cuando puedes tenerla,

¿Pero logras amar, cuando no puedes ni verla?

Puedes querer su cuerpo perfecto,

¿Pero logras amarla, cuando no puedes darle ni un beso?

Que fácil para ti, es despertar cada dia en sus sabanas,

¿Pero más que desnudar su cuerpo, logras desnudar su alma?

"Porque fácil es querer"

Cuando tienes su amor, cuando tienes sus besos,

¿Pero logras amarla, cuando solo puedes hacerlo de lejos?

Entonces me pregunto, ¿Qué es el amor verdadero?

¿Qué es lo que siente mi corazón? ya que sin quererlo se enamoró,

Con tan solo escuchar tu risa y el sonido de tu voz.

¡Amor verdadero!

No hace falta que estés cerca, ni que estés a mi lado,

Tampoco verte ni tocarte.

De hecho, he aprendido a quererte, aun con todos tus rechazos.

Tal vez tú nunca entiendas, el corazón de este poeta,

Que de ti se ha enamorado.

Que fácil es querer cuando se es correspondido,

Pero amarte, amarte es más real,

De que estés aquí conmigo.

¿QUE SI ME GUSTAS?

¡Me gustas!

Pero no de la típica manera en la que un hombre,

Logra sentir atracción, por una bella dama como tú.

¡Me gustas!

De una manera real, sincera y transparente.

¡Me gustas!

aun cuando me esquivas la mirada,

Aun cuando tantas veces me rechazas,

Aun cuando no tienes palabras para mí, tan solo tu silencio.

¡Me gustas!

A pesar de tu carácter y temperamento,

Ya que cada día que pasa y aun en la distancia,

Descubro en tu forma de ser algo nuevo y me gusta.

¡Me gustas!

Aun cuando evades lo que siento,

Aun cuando ignoras este sentimiento,

Aun cuando me alejas de tu vida.

¿Como no decirte? que me gusta tu boca,

Aun cuando no puedo besarte.

Que me gustan tus labios,

Aun cuando no puedo tocarles.

Que me gustan tus ojos,

Aun cuando difícilmente puedo mirarte.

¡Me gusta!

Cuando en las mañanas te veo llegar,

Un poco despeinada y al natural.

¡Me gusta!

Cuando en las noches te veo partir,

después de un dia estresante, es agradable verte sonreír.

Aunque debo confesarte que me duele ver,

Como nuevamente tus pasos te alejan de mí.

Sí mis poemas no te aburren y me quieres preguntar,

Por lo que siento o si me gustas.

Déjame decirte que mis versos hablan por mí,

Porque eres tú la inspiración, de todo este sentimiento.

No solo me gustas al contrario te quiero,

Pero no como las palabras que se lleva el viento.

Es tan sincero lo que por ti siento,

Que a donde quiera que vaya tu recuerdo me llevo.

"Sin importar tu rechazo"

¡Debes saber!

Que no solo he buscado estar contigo.

Mi anhelo siempre ha sido y será,

Conocerte, como nadie lo ha hecho.

Sí tan solo pudiera hacerte ver,

Lo mucho que me gustas y lo mucho que te quiero.

¿COMO NO DECIRTE?

¿Cómo no decirte esto que siento?

¿Cómo? si mi corazón dice te quiero

¿Cómo no perderme en tu mirada?

Sí en tus ojos encuentro la paz,

Que necesito para continuar cada mañana.

¿Cómo olvidar cuando por primera vez te vi?

Sí desde ese dia no dejo de pensar en ti.

¿Cómo olvidarte? o ¿cómo lo intento?

Sí tu estas en mi mente y en todos mis sueños.

¿Cómo olvidar tu rostro y tu bella sonrisa?

Aunque tu no imaginas, cuanto amo y cuanto anhelo,

Escuchar el tono tu voz cada dia.

¿Cómo retroceder el tiempo?

¿Cómo evitar el momento cuando mis ojos te vieron?

¿Cómo podría? o ¿cómo yo hacerlo?

Si desde ese dia suelo temblar y al mirarte aprieto mis labios,

Con los que añoro poderte besar.

¿Cómo no voltear a verte?

Cuando tu bella silueta la veo pasar.

Sí tu alteras mi calma y cada uno de mis sentidos,

Tu habitas mi mente y yo sigo sin poder olvidarte.

¿Cómo no decirte esto que siento?

Que en mi corazón esta tu imagen y un te quiero.

¿Cómo? si mi mente no puede dejar de recordarte,

Tu habitas en mis sueños, en mis versos y poemas.

Si supieras que en un tierno beso tú te has llevado,

Un pedacito de mi alma y un pedacito de mi cielo.

Ahora mi corazón late con más fuerza,

Cuando tú te encuentras cerca.

¿Cómo evitar? si cuando te miro,

Hasta del tiempo yo me olvido.

¿Me pregunto, cómo logre?

Quererte sin tenerte,

¿Cómo te abrace, tantas veces?

Aunque siempre has estado ausente.

¿DONDE ESTA EL AMOR?

Hay algo que pasa en nuestra relación,

Siento que se acaba toda la pasión.

¿A dónde fue la llama? ¿a dónde fue el amor?

Todas las caricias, dime corazón.

¿En dónde está el romance? ¿en dónde está el calor?

¿En dónde está la gracia? que nos enamoró.

¿Dime vida mía, que fue lo que paso?

Hoy siento que se desvanece toda mi ilusión.

¿Dime vida mía, donde quedo el amor?

No dejemos que se muera toda esta pasión.

Yo sé que a un me quieres, tú sabes que también yo.

¿Por qué no luchar por encender la llama?

¿Por qué no continuar con este amor?

Nuestras caricias y nuestros besos, los lugares y lo que vivimos,

Son tantos los motivos, para continuar con este amor.

Mi corazón muere de tristeza, al pensar que sufro por tu amor.

¿Dime vida mía, si aún me amas? ¡tanto como yo!

Recuerda los bellos momentos,

Que compartimos en nuestra relación.

Que no importa lo que pase, yo espero por tu amor.

HE FALLADO EN EL INTENTO

He intentado conocerte, aunque debo reconocer he fallado yo lo sé.

He intentado ganar tus palabras y sonrisas, tus abrazos y caricias,

Pero nada yo logre.

He intentado conquistarte cada dia un poco más,

pero debo aceptar en esto también he fracasado.

He intentado robar un poco de tu tiempo,

Disfrutar tu compañía y toda tu atención.

Aunque solo he recibido tus ausencias y tu olvido,

Nada que se llame amor.

He intentado estar presente,

Platicar un poco de tu vida y conocer todo de ti.

Pero debo decir que solo he recibido,

Aquella frialdad que te aleja de mí.

He intentado mirarte a los ojos,

Poder mirarte cara a cara cuando te veo pasar,

Aunque solo he logrado ver cómo me volteas la mirada.

He intentado que seas una realidad,

Que no solo estés en mis letras, en mis versos y poemas.

Que mi corazón escribe para ti, queriéndote en silencio.

He intentado demostrar que no hay maldad en querer,

Ya que, entre los límites y las barreras, el amor puede florecer.

Dejare, que te encuentres a ti misma.

Y aunque por dentro no lo quiera, debes comprender

Que hay conexiones que nacen, y no se pueden detener.

He logrado quererte,

Aun cuando sigo sin entender ¿Cómo? o ¿por qué?

He intentado que me quieras, pero solo estas en mis poemas.

He fallado en el intento, por conquistar tu corazón.

Ahora debo aceptar el hecho, "que he salido perdedor"

TAN LEJOS DE TI

No tengo alas para volar,

Sé que a donde vayas yo no puedo estar.

Estas tan distante o ¿siempre has estado?

Puede que te encuentras cerca pero tan lejos te siento.

Debo aceptar tu ausencia,

Aunque te he esperado con paciencia,

Y me duele saber que a tu corazón no he podido llegar.

La indiferencia y distancia me apartan de ti,

Aunque no pueda tocarte te siento a mi lado.

Debo admitir que en silencio he esperado por ti,

Pero como una estrella fugaz has llegado y te vas,

Fuera de mi alcance eres tan inalcanzable.

Te siento tan lejos de mí, aunque deba admitir

Que cada dia, quiero saber de ti.

Siento en tu mirada aquella indiferencia, aquel desamor,

Entonces “me pregunto”

¿Cómo esquivarte la mirada?

Cuando de verdad quiero mirarte y que sepas lo que siento,

Cuando quiero perderme en tu mirada y tal vez robarte un beso.

Debes saber que escucho tu voz aun sin poderte hablar,

Y me vuelvo preguntar ¿Por qué no me puedes amar?

¿Cómo sin buscarte te encontré?

Aunque tus pasos te llevan lejos de mí.

Te siento distante, tan callada y sin palabras para mí.

Aunque sé que no ríes conmigo escucho de lejos tu sonrisa,

Me encanta de verdad, me encanta escucharte reír,

aunque no sea yo el motivo de tus alegrías.

Acostumbro a mirarte de lejos, tal vez no te das cuenta,

Pero en esos momentos es donde te siento más cerca.

Descifrando tu silencio, voy buscando tu ternura,

Pero he fallado en el intento.

¿Tal vez si yo pudiera?

No solo quererte o esperarte en silencio,

Tal vez si no te alejaras o correspondieras lo que siento,

Si tal vez logrará entender, ¿porque no puedes estar conmigo?

"Que complicado que es el amor"

Hoy en un verso te lo expreso yo.

NUNCA SABRÁS

Puede que nunca leas estos versos,

Que tal vez nunca sepas lo que siento.

Cuando en las mañanas miro tu reflejo,

En medio de este frio e invierno.

Sonrojas mi vida sin saber con tan solo una sonrisa,

Aunque sé que no es para mí, con ella iluminas mis días.

Puede que nunca lo veas, pero que bella sensación la que siento,

Cuando logro acercarme a ti, cuando veo cómo te maquillas,

Cuando veo tu sonrisa, cuando veo tu silueta.

Cuando admiro tu belleza, cuando logro escuchar tu voz,

Y aunque un poco distante, cuando te veo aquí a mi lado.

Tal vez, aunque no sea despierto

He escuchado, un te quiero pronunciarlo de tus labios.

Puede que nunca sepas lo mucho que te quiero,

Y sé que nadie te lo dirá, debo aceptar

Que este será mi mayor secreto.

Se que tal vez nunca lo sabrás,

Pero me acostumbrare a mirar tu reflejo,

Aunque sé que solo habitaras, en mis sueños y pensamientos.

Como un retoño cada dia en mi mente florecerás,

Puede que nadie te lo cuente, puede que nadie te lo diga,

Tal vez este sea uno más, de tantos versos y escritos,

Que tan solo quedaran en noticas o en el olvido.

Debo confesar, no hay noche que en mi mente tu no estés,

Tal vez nunca lo sabrás, pero te quiero.

En verdad te quiero, te quiero como a nadie.

Puede que nunca sepas que cada dia,

Te dibujo en mi pensamiento,

Que con fervor he anhelado,

Ese beso, ese abrazo, esa caricia que nunca fue.

Te hablare con una sonrisa, aunque habrá una lagrima por dentro,

Porque eres ese sueño que nunca logre alcanzar.

Nunca sabrás lo mucho que te quiero y que te amo en silencio.

SIEMPRE EN MIS SUEÑOS

En mis sueños estas puede que tu no lo veas,

Pero tu vives en ellos, como una bella doncella.

En mis sueños te encuentras, puede que tu no lo sepas,

Pero allí tu eres feliz al lado de este poeta.

En mis sueños me quieres, de eso no tengo duda,

No sé ¿cómo llamarle? sueño de amor o locura.

En cada etapa de mis sueños, has dejado en mí tu huella,

La caricia bella de tu amor es la que mi alma entera llena.

¿Es que como negar? lo bien que se siente,

Tenerte a mi lado y darte un abrazo,

Escucharte hablar y decir lo que sientes.

Durante horas y horas, escucharte decir que me quieres.

No quisiera despertar, de los momentos que vivo contigo.

Tal vez ninguno sea real, pero en mis sueños caminas conmigo.

En las mañanas quisiera vivir soñando,

Ya que solo quiero estar contigo.

En las noches seguiré tus pasos,

Y en mis sueños caminaras conmigo.

¡ESPERO QUE EL!

Espero que él te haga feliz, te enseñe a crecer, te ayude a vivir.

Espero que él te aprenda a querer, té haga reír y logre sacar

Lo mejor que hay en ti.

Espero con él logres mejorar tus defectos,

Tu carácter y todo lo que no es tan perfecto.

Espero que él te ayude a lograr,

Tus sueños y metas ¡una realidad.

Espero que él sepa conquistar y logre cambiar,

Con ternura la dureza de tu corazón.

Espero que él te haga sentir una mujer, pero una princesa a la vez.

Espero que él no te haga sufrir ni te haga llorar,

Que te ayude a levantar y logre ser tu consuelo,

En las noches más oscuras, en la lluvia o en la tempestad.

Espero que él sepa valorar todo tu amor,

Tanto para dar, que espero logre impactar tu vida.

Porque todo esto y un poco más,

¡Es lo que yo haría por ti!

AUNQUE ESTÉS CON EL

Se que te encuentras ocupada junto a él,

Se que por eso no hay un mensaje, una llamada o un cómo te fue.

Y es el quien roba tus suspiros ¿qué puedo hacer?

Solo soy ese poeta que, en un verso te anhela conocer.

Se que tu tiempo y tus palabras son para él,

Sin embargo, aquí yo espero por volverte a ver.

Y es que estas en mi mente y no lo puedo evitar,

Pues cada dia que pasa te suelo pensar.

Se que le besas y le abrazas con pasión,

Y yo sigo soñando en silencio que te hago el amor.

Y es que no sé lo que pasa mi niña querida,

Pues cada dia yo te quiero, aunque estés comprometida.

Me es difícil aceptarlo, pero me estoy enamorando,

Lo triste de la situación es que no estés aquí a mi lado.

Tú me sueles olvidar y yo te seguiré buscando,

Entre versos y poemas,

En silencio mi alma te estará esperando.

¿COMO OLVIDARTE?

¿Cómo decirle a este querer? que ha llegado el momento de retroceder.

¿Cómo decirle a mi corazón? que, en la batalla por tu amor,

He salido perdedor.

¿Cómo olvidar la soledad? sí en esta fría mañana tu no estas.

¿Cómo olvidar aquel tierno beso? que, con tantas ansias,

He querido darte.

¿Cómo decir? que lo quise, que lo anhelé,

Pero esto no paso, esto nunca fue.

¿Cómo olvidarme de ti? si cada noche te sueño y en todos lados te veo.

¿Cómo frenar esta agonía? la que crece cada dia,

Desde el momento de tu partida.

¿Cómo olvidar aquellos momentos?

Donde me pierdo en tus ojos y en tus miradas.

¿Cómo olvidar? si mi corazón se empeña en verte,

En quererte y estar a tu lado.

¿Cómo entender que es la razón?

La que le hace un alto a lo que siento.

¿Cómo olvidar? si tú eres el hada que quiero en mis sueños.

¿Cómo olvidar? si tú eres el complemento,

Que falta en mis versos.

He de comprender que, por más que intente,

Nunca logre entrar a tu corazón.

Conocerte, conocerte completa siempre lo que quise,

Pero aceptare que fracase en el intento.

Habré de olvidarte mañana en silencio,

Y quedara en mis poemas tu bello recuerdo.

CUAN DIFÍCIL

¡Me es difícil olvidar esto que siento,

Sí supieras cuando te veo muero por dentro.

Me es difícil olvidarme que te anhelo,

Cuánto te pienso cuánto te quiero.

Me es difícil olvidar esa sonrisa, llena de magia que me hipnotiza.

Alegras mis días con tu sonrisa, toda mi vida con ella tú la iluminas.

Me es difícil olvidar esa mirada la cual me cautiva,

Tierna mirada que me enamora dia tras dia.

Qué difícil es mirar tus ojos bellos, pues yo te quiero y no te tengo.

Qué difícil se me ha hecho el verte cerca,

Ya que estas presente, pero no como yo quisiera.

Qué difícil es desearte y extrañarte,

Ya que ni un beso o un abrazo he podido darte.

Qué difícil se me ha hecho conocerte,

Pues el tiempo pasa y yo solo anhelo verte.

Me es difícil robarte una mirada,

Tal vez un beso o una caricia.

Pero solo en mis sueños o pensamientos,

Es cuando puedo hacerlo y me fascina.

Qué difícil es quererte y que tu no sientas lo que yo siento,

Más difícil cuando eres la inspiración de tantos versos.

Me es difícil quererte cuando no estás conmigo,

Mas cuando todo, todo lo quiero contigo.

¿COMO DECIRTE?

¿Cómo decirlo? como expresar que te quiero,

¿Cómo ocultarte? que suelo extrañarte,

Y que a diario en mi mente te llevo.

¿Cómo decirte? que más que una amiga te veo,

Que a un que estas tan lejos, tan cerca te siento.

No sé cómo decirte lo que hay en mi corazón,

Pero soy quien te mira a los ojos con locura y pasión.

¿Cómo decirte que soy? aquel que te espera,

Aquel que te sueña y quien te desea.

¿Cómo decir que te quiero? aunque tú no me quieras,

Tanto como yo quisiera.

¿Cómo decirte? que eres tú y solo tú, lo que mi alma anhela.

ESTÉS DONDE ESTÉS

Estés donde estés, al cielo haré una linda oración,

Pidiéndole a Dios que te cuide mi amor.

No importa con quien, querida tu estés,

Siempre pediré que te vaya muy bien.

Aunque no pienses en mí yo no me olvido de ti,

Me gusta pensar tanto en ese dia,

Cuando por primera vez te vi.

Estés donde estés, mi niña pido por ti,

Porque seas feliz y junto a él puedas sonreír.

Aunque no me recuerdes, en la distancia te quiero,

No importa que no sepas lo que siento,

Que eres tú mi inspiración en cada verso.

Me gusta tanto recordar tu risa,

Me gusta tanto escuchar tu voz.

No importa donde estés o con quien estés,

Para ti siempre he querido lo mejor.

¡ME OLVIDARAS!

¡Me olvidarás!

Porque fui algo muy poco, algo insignificante para ti.

Quiera Dios que el día de mañana, algún recuerdo tengas tú de mí.

¡Me olvidarás! porque nunca me quisiste,

¡Me olvidarás! Porque nunca entendí que nada era para ti.

Mis manos y mi cuerpo, las estrellas y la luna,

Se irán preguntando, por qué no llegue a lo profundo de tu corazón.

Irás borrando mi recuerdo, irás borrando mis poemas,

Irás quitando mis miradas alejándome de ti,

Se que te olvidaras de mí.

SI SUPIERAS

Sí supieras lo que siento cada dia que te veo,

Si supieras que te sueño que eres mi más grande anhelo.

Si supieras que te adoro, que te quiero, que te amo.

Si supieras que te extraño, que eres mi único tesoro.

Si supieras que me alegra el saber que puedo hablarte,

Como quisiera tenerte y en mis brazos yo mirarte.

Si supieras que en silencio mi alma calla por tu amor,

Si supieras como un niño yo te quiero corazón.

Sí supieras vida mía que te quiero de verdad,

Estarías aquí conmigo calmando esta ansiedad.

CONOCER TODO DE TI

Si supieras que te extraño, si supieras que te pienso,

Si supieras que yo añoro, poder recorrer tu cuerpo.

Si supieras que mi anhelo, es conocerte totalmente,

Sin mentiras y sin misterios, saber lo que tu alma siente.

Si supieras que yo muero cada día por besarte,

Saborear tus lindos labios,

Y en mis noches encontrarte.

TAN SOLO

Con tan solo una mirada, con tan solo una palabra.

Con tan solo una sonrisa, te adueñaste de mis días.

Cada día que te veo, crece más el sentimiento.

Esta locura por besarte, tantas ganas de abrazarte.

Con tan solo una caricia, te adueñaste de mi vida.

¿Dime cómo? niña linda, no lo entiendo todavía.

Cada día yo te extraño, cada día yo te sueño.

Con tan solo un pensamiento,

Tú eres más que un dulce anhelo.

LO COMPLICADO DEL AMOR

Te invito mi niña, a complicarme toda la vida,

Vale la pena correr el riesgo, por conocer tus sentimientos.

¿Dime si aceptas? ¿dime que piensas?

Y si te atreves ven a quererme.

Me gustaría que me invitaras, a complicarte toda la vida.

Porque lo fácil se acaba, lo complicado más se disfruta.

¿Dime si aceptas? ¿dime si quieres?

Y aquí yo espero hasta que vengas.

QUISIERA BESARTE

Quisiera besarte, hasta conocer tu interior.

Quisiera besarte, con locura y pasión.

Quisiera recorrer con un beso tú cuerpo,

Tal vez excitarte y disfrutar del calor.

Quisiera abrazarte tal vez hacerte el amor,

Poder conquistarte cuanto quisiera yo.

Poder conocerte,

Y qué me abrieras tú corazón.

TODO LO QUIERO CONTIGO

Cada vez que te pienso quiero algo contigo,

Cada vez que te sueño quiero algo contigo.

Se me nota hasta en el caminar, porque rápido a ti quiero llegar.

En el hablar y cuando te miro, cuando te veo y cuando suspiro.

“Quiero algo contigo”

Llenar tu mundo entero del más hermoso verso,

Regalarte un poema que describa lo que siento.

Es tan real lo que me sucede, que no lo puedo evitar,

Si supieras cada dia que pasa,

Todo lo quiero contigo.

AGRADECIMIENTOS

¡Quiero darte gracias! por tomarte el tiempo de leer, El contenido de este libro. cada poema, cada verso, ha sido una inspiración íntima y personal, de lo que significa el lenguaje del amor.

MI MUNDO POESIA

J.E.A *POETA*

JHON EDWIN ARENAS.

Printed by Books on Demand GmbH, Norderstedt / Germany